Patria, amor y sentimientos

Patria, amor y sentimientos

MAGDALENA PAGÁN LÓPEZ

Para realizar pedidos de este libro, contacte con:
Palibrio
1663 Liberty Drive
Suite 200
Bloomington, IN 47403
Gratis desde EE. UU. al 877.407.5847
Gratis desde México al 01.800.288.2243
Gratis desde España al 900.866.949
Desde otro país al +1.812.671.9757
Fax: 01.812.355.1576
ventas@palibrio.com
771343

Índice

SENTIMIENTOS

Dedicatoria

Quiero dedicar este libro, titulado *Patria, Amor y Sentimientos,* una dedicación especial a mi tan admirada madre por ser mi apoyo incondicional. La que para mí lo es todo. Desde que tengo uso de razón, la he visto luchar sola contra todas las adversidades que le ha puesto la vida.

Ella era cálida, culta y de gran respeto. Siempre estaba leyendo, gustaba de la música clásica, visitar y conocer lugares históricos. Por eso la considero una persona única.

Supo darnos un buen ejemplo como madre. Yo al necesitarla nunca me falló. Siempre aconsejó y Apoyó la familia. He sabido valorarla y comprenderla porque sufrió mucho, y aun así tuvo la fortaleza para ayudar a sus semejantes (demás personas).

Yo sé que sin su sacrificio y dedicación yo no hubiera sido la persona que soy hoy día. Sé que en realidad mi madre nunca será eterna, pero mientras estemos unidas yo sentiré que ella es la estrella que me guía. como la primera estrella que guió a Dios en el mundo, así yo la veo a ella.

A mis queridos hijos, que han sido la fuerza y el estímulo para seguir adelante.

A mi segunda Patria, Nueva york que me ha recibido con los brazos abiertos, brindándome un mundo de oportunidades.

También la dedicatoria va dirigida a mi único amor, mi compañero, el cual siempre me ha apoyado ayudándome a superarme, dándome valor y confianza en mí misma.

Reconocimientos

A mis colaboradores y consejeros Marianela y José Francisco Avila, Ursula Torres, Sonia Madden, José Alberto Mercado y a los que les mostré mi trabajo que se emocionaron y lloraron al leer mis poemas, Josephine Vazquez y Linda Vega.

Introducción

La mayoría de las personas vienen a la ciudad de Estados Unidos por el "Sueño Americano". Un sueño que las personas crean en sus mentes desde su país natal, pero al llegar a la gran ciudad, sus ilusiones son traumáticamente interrumpidas por obstáculos inesperados. Uno de los obstáculos más serios es el idioma y la discriminación de clases sociales. Estos obstáculos hacen difícil al individuo adaptarse a las costumbres del país.

Otro aspecto principal es la educación, pues de la misma se deriva todo lo demás, de la misma manera se le puede agradecer a este país mucho pero hay personas que desean algún día regresar a sus patrias.

El porque de este libro

Quiero hacer énfasis que al redactar este libro, quisiera llegar a los corazones de las personas que lo lean y se identifiquen con mis sentimientos y mis vivencias.

Para que les sirva de estímulo a todo aquel que quiera superarse y salir adelante, aunque haya empezado desde abajo.

Este fue mi caso, al llegar a Nueva York comencé a estudiar, pero tuve que interrumpir mis estudios para ir a trabajar y ayudar a mi madre. Venimos a esta ciudad para prosperar y mejorar las condiciones de vida en las que vivimos y tratar de forjarnos un buen porvenir, pero no es fácil hay que luchar duro, para obtener y aprovechar las oportunidades que nos brinda. El idioma y la discriminación de las clases sociales, hace difícil adaptarse a las costumbres de este país. Al pasar el tiempo me adapté, me casé y formé mi propia familia y trato por todos los medios que ellos tengan mejores oportunidades de las que yo tuve.

Con mi sincero cariño,
La autora

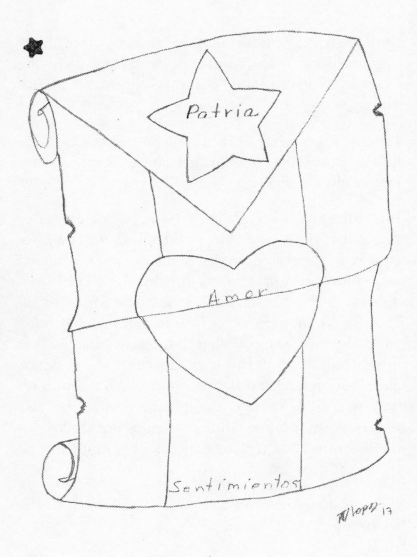

Patria

Puertorriqueños

Al conmemorarse hoy
El descubrimiento de Puerto Rico
No podemos olvidar
Que Cristóbal Colón, al navegar
Consumó su hermoso sueño.

Perseverando y luchando
Como solo él sabía
Llegó a esta tierra un día
Y muy lleno de contento
Rebosando de alegría
Pensó, que valió la pena
Navegar noches y días
Y acabar su travesía
En bello descubrimiento.

Descubrir que lucho tanto
Por esta tierra querida
Por esta tierra tan bella
Nuestra Isla del Encanto.

Encanto porque es un sueño
Sus paisajes, su belleza
Y toda esa gran tibieza
De nuestra gente querida
Que claman con mucho empeño
Nos sentimos orgullosos
De ser tan puertorriqueños.

Y los que estamos ausentes
Añorando con volver
En otro extraño lugar
Soñamos con regresar
Al hogar que un día fue nuestro
El que nos vio un día marchar
Y nos recibe al volver
Orgullosos de saber
Que somos puertorriqueños.

Nueva York
(La Gran Manzana)

Nueva York, ciudad atrayente
Ciudad que complace a toda su gente
Llena de progreso y oportunidades
La ciudad que acoje, protege y emana
La fragante aroma de una Gran Manzana.

Ciudad triunfadora, llena de energía
Extendiendo grandes edificios, sus parques y puentes
Y la que nos lleva siempre a la carrera
Porque nos envuelve en su torbellino
Pero no queremos renunciar a ella.

La que yo he adoptado mi segunda Patria
Y la que me brinda cariño y amparo.

Y a la vez devora a toda la gente
Que viene hacia ella, buscando sus sueños
Dejando a su gente
Y aunque esta parece muy fría y helada
Nos brinda el aroma de una Gran Manzana.

La ciudad que ofrece todas sus bellezas
La que con sus luces lo ilumina todo
De paisajes bellos y de gran historia
La que nos abraza con todas sus fuerzas
Que ya no queremos renunciar a ella.

La que nunca duerme, siempre desvelada
Pero siempre bella, reluciente y sana
Despidiendo aroma de una Gran Manzana
Y aquí seguiremos, quizás hasta la muerte
Pues tuvimos suerte de vivir en ella
De forjarnos sueños, de sembrar raíces
Tan fuertes y bellas
Que ya no quisimos renunciar a ella.

El almirante y la dama (unión entre dos mundos)

Un flechazo de Cupido,
le atravesó el corazón.

Acaso pensó Colón
que en su larga travesía
encontraría el amor
de tan hermosa mujer
la Dama de la Bahia.

La que sin mover un dedo
sin insinuarse siquiera
supo que ella sola era
la dueña de aquel amor.

A pesar de la distancia
y acortando ya la espera
impaciente ella esperaba
la llegada de su amor.

Al fin se ha cumplido hoy
el enlace de la historia
se ha formado un fuerte lazo
que nadie desatará
porque se han unido ya
el almirante y la dama.

Al celebrarse esta unión
encontraremos la paz
la paz que une a dos mundos
que nos llena de alegría
porque ha llegado el amor
a alegrar el corazón
de la Dama Libertad.

Libertad que perdería
El símbolo de su nombre
Pero dichosa al saber
Que lo hizo por su hombre.

La dama de la Bahía
(Estatua de la Libertad)

Erguida sobre su trono
con la mano siempre arriba
saluda a todo el que pasa
La Dama de la Bahía.

La que con leve sonrisa
y su rostro siempre hermoso
nos invita a penetrar
en su mundo silencioso.

Allá vamos todos juntos
Blancos, negros, ricos, pobres
unidos en hermandad.

A alegrar el centenario
De la Dama Libertad.

Puerto Rico se levanta (Desastre de la Naturaleza Oct. 04, 2017)

Tras el paso de Maria
la tormenta que arrasó
con mi isla tan querida
y el encanto le robó.

Pero nunca la esperanza
del corazón nos quitó.

A pesar de la tristeza
que ella nos ocasionó.

Luchamos con mucho empeño
para volver a empezar
y sacar de los escombros
lo que se pueda salvar.

Porque con uñas y dientes
todos vamos a luchar
por poder recuperar
su esplendorosa belleza.

Su verdor y sus riquezas
que todos añoramos tanto
y rogar porque regrese
nuestra Isla del Encanto.

Acaso pensó María
que nos podía aplastar.

Con su fuerza y con su furia
no nos pudo doblegar
pues con trabajo y con lucha
nos volvimos a levantar.

No hay nada mas hermoso
que un amanecer
sientes que tu renaces
a la par, junto a él.

Y nuevas esperanzas
que con el nuevo día
renacen en tu alma
y la llenan de alegría.

La luz del nuevo día
brilla dentro de ti
y das gracias a la vida
por otro día hermoso.

Y pasa un día entero
llega el amanecer
y aún con la esperanza
de cosas por hacer
sueñas con otro día
y otro amanecer.

Ya sea aquí o allá
en tu Patria, o donde sea
que bonito es contemplar
un amanecer cualquiera.

Pero solo si lo vives
y lo sabes entender
sabrás que no hay
nada mas hermoso
que un amanecer.

Amor

Amar

Amar es lo más bello
Cuando llevamos dentro
Un cariño sincero
Porque el amor interno
Que llevamos en el alma
Es un claro reflejo
Que se asoma a la cara
Puedes amar a un ser
A un niño, una rosa
Esas pequeñas cosas
Que llenan nuestra vida
Puedes amar a Dios
Como lo más sublime
Amar la vida misma
Día a día que vives
Puedes brindar cariño
Ternura, humildad
Dejar un falso orgullo
Avaricia, crueldad
Darnos todos las manos
En signo de hermandad
Y orar porque salvemos
Con bien la humanidad.

A mi madre

La que para mí lo es todo
Es como una brillante estrella
La que guiará mis pasos
Desde que decidió
Traerme al mundo con ella.

Le he dado muchas penas
Y por mi tanto ha llorado
Pero yo al necesitarla
Ella nunca me ha fallado
Y yo tengo otros amores ·
Pero ella es la primera
Como primera es la estrella
Que guió a Dios en el mundo.

Así yo la veo a ella
Como la madre más bella
Que deseo ser alguno
Y pido a Dios con fervor
Que permanezca a mi lado
Y reconozca este amor
Que yo no le demostrado
Y que lo llevo guardado
Dentro de mi Corazón.

Al padre ausente

Solo apenas lo recuerdo
Como el vagar de un sueño
Que yo misma no he buscado
Y lucho por despertarme
No es que no quiera mostrarle
Este amor que es tan inmenso
Es porque no me enseñaron
A mostrar mis sentimientos
No habían las bendiciones
Ni los besos cariñosos
Todas esas grandes cosas
Que uno aprende desde niño
Y que solo un gran cariño
Puede darlo a manos llenas
¡Ay! si él comprendiera
La falta que me hizo un beso
O solo un roce de su mano
Que se posara en mi pelo
O la frase cariñosa
Que dijera te comprendo
No es que quiera reprocharle
El no darme esos afectos
Sino que ahora comprendo
A pesar del tiempo andado
Que solo eso me ha faltado
Para sentirme contento.

Mis hijos

Mis hijos son mi tesoro
lo más preciado del mundo
con ellos lo tengo todo
sin ellos, todo está oscuro.

Pedacitos de mi ser
y de un amor profundo
porque sin falta de amor
no hubiera podido ser.

No me canso de mirarlos
su físico, su carácter
y su manera de ser.

Los admiro cada día
crecer, crecer y crecer
tan llenitos de energía.

Los quiero, y más los adoro
sin ellos no sé que haría
y a veces yo me pregunto.

Porque Dios me escogería
Para madre de mis hijos.

Y doy gracias a la vida
por tan bendita elección
poder brindarles mi amor
que es lo más grande de todo
lo que podría ofrecer
a mis pequeños tesoros.

Los ojos del alma

Siempre me llamas, tu niña bonita
y yo me pregunto, que es lo que me ves.
Y tú me respondes, es que eres tan linda
y yo me imagino, será que me ves
con ojos del alma.

Porque tu alma, tu alma es pura
limpia, cristalina
y tú me proteges, me cuidas, me quieres.
Y sé que no mientes, por el beso
tierno, sensible y bendito
que das en mi frente.

Porque me respetas, me admiras, concientes
siempre me recibes
con brazos abiertos
tranquilo y paciente.

Y con esos labios, siempre sonrientes
y pones el beso, bendito en mi frente.

Sé que es amor limpio
no solo el momento.
Por eso yo pienso
que esto será eterno.

Lleno de detalles, de bellos momentos
cuando me acaricias y me poso en tu pecho
sé que en este mundo no existe otro ser
que pueda sentirse amada y consciente
de tenerte cerca, quedito
y creyente de este amor sincero.
Bonito y decente, por el beso tierno
Que das en mi frente.

Tu niña bonita

Reconciliación

Después de tenerte entre mis brazos
y sentir de nuevo tus caricias
y al reanudar de nuevo aquellos lazos
me has devuelto la ilusión perdida.

Me has sacado los colores a la cara
y el palpitar de un pecho desbocado.

Hemos vuelto a entregarnos, por entero
como quien vive el amor primero.

¡Ojalá no sea algo pasajero
porque para mí fue intenso,
anhelado, esperado, deseado
despertar, que dicha a tu lado
rodeada por tus tiernos brazos.

No hubo necesidad de palabras,
de reclamos, ni reproches,
pero si hubo derroches
de caricias contenidas,
de besos apasionados
y de entrega sin medida.

y así sanamos la herida
que el adiós, había dejado.

Nos hemos reconciliado
y ojalá para bien sea
porque cuando se desea
un amor con tanto ardor
pues lo dicta el corazón
y si el cuerpo lo desea
y aunque la mente no acepta
no piensa ni razona
no encontramos la respuesta
de vivir tan alejados.

Por eso al reconciliarnos
Fue la mejor recompensa.

Aún te espero

A pesar del tiempo
y la cruel distancia
tengo la esperanza
de volver a verte.

Llegaste a mi vida
Cuando sola estaba
pasando una pena
y llorando un amor.

Y fuiste remanso
de paz en mi alma
nació la esperanza
que había perdido,
pues me diste calma
confianza y cariño.

Y fuiste mi amigo,
compañero, hermano
me diste la mano,
apoyo y consuelo.

Sé que tú eres bueno
lo siento en el alma.

Sé que eres sincero
yo sé que me amas.

Pero tú te fuiste
hay un gran vacío
ahora que no estás.

Que te encuentras lejos
sé que no es tu culpa
que no es tu deseo.

Por eso yo espero
Porque sé que un día
tu vendrás a mí.

A calmar mi pena
a llenarme de besos
tan solo por eso
yo espero por ti.

Te extraño, te pienso
y vivo la angustia
de saberte lejos
y anhelo el momento
de tenerte aquí.

Y que no te alejes
nunca más de mí.

Un amor tardío

Ha llegado el amor
por tercera vez
y yo no quisiera
perderlo esta vez.

Justo en el momento
que yo presentía
necesitaría un
nuevo querer.

Fue una tarde ardiente
así como el sol
que encontré el amor
de aquel bello ser.

Que tarde tan bella
del verano aquel.

Así empezó todo
como por azar.

Él llegó a pasar
tan cerca de mí.

Y yo presentí
con todas mis fuerzas
de nuevo el amor
tocaba mis puertas.

Luego descubrí
que él era ajeno,
pero ya era tarde
pues ya le quería.

Y no permitiría
perder esta vez.

No sé si soy justa,
pero si sincera
y aunque hayan barreras
yo proseguiré
y haré lo posible
por tenerlo aquí
ya que la distancia
lo aleja de mí.

Nuestro amor sublime

Lo llamo sublime, porque es como magia.
Lo llamo sublime, porque es tranquilo y sereno.

Lo llamo sublime, porque es tierno y verdadero.

Porque lo sentimos y nos entendemos
y lo demostramos y nos comprendemos.

Por ser tan hermoso, como el mundo entero
porque lo vivimos con pasión y besos
porque nuestra entrega se transforma
en ilusión eterna.

Porque cuando me amas
llego hasta las nubes
por eso le llamo Nuestro Amor Sublime.

Renació el amor

Renació el amor
en mi corazón
al verme en tus ojos
de luna y de sol.

Tus ojos tan claros
tus ojos serenos
tus ojos que alumbran
mi oscuro sendero.

Tus ojos que adoro
de verde de mar
de verde esperanza
de un dulce soñar.

Yo me miro en ellos
y en puro embeleso
te pidiera un beso
lleno de candor.

Te ofreciera el alma
mi vida, mi amor.

Por esto que siento
Ya en mi corazón
Ahora comprendo
Renació el amor.

Ansias de amar

Tú has despertado en mí
ansias de amar.

Tú has desvelado en mí
mi sueño normal.

Tú has inquietado en mí
mi tranquilidad.

Tú has dedicado a mí
ternura y bondad.

Tú eres mi dicha
y solo en ti pienso
y quiero tenerte a cada momento
sentir que me besas
respirar tu aliento.

Sentir que soy tuya
por fuera y por dentro
y poder desahogar este sentimiento.

Yo sé que no debo, porque soy ajena
así me lo grita mi propia conciencia
pero, el corazón, que sangra y que pena
como yo contengo este sentimiento
que corre en mis venas.

Yo aún no distingo, mi amor o locura
pero yo al mirarte, me siento muy pura.

Y ya no quisiera mirar hacia atrás
seguir adelante, sin medir compás
y soñar despierta, de frente la faz
para así lograr mi felicidad.

Amor verdadero

Valió la pena esperar
Por el amor verdadero.

Este amor que es tan sincero
Tierno y desinteresado.

Pero a la vez preocupado
Por saber lo que yo siento.

Este amor considerado
Con lealtad y respeto,
Con humildad y cariño
Porque es del Corazón.

Si perdemos la razón
Es por cosa de un momento.

Porque también hay pasión
En los pequeños encuentros.

Hablamos y compartimos
Nuestros preciosos momentos
Y lo que solo lamento
No haberlo encontrado antes
Y haber yo sufrido tanto
Para poder conocerlo.

Hoy agradezco el momento
De nuestro primer encuentro
Cuando ni aún sin saberlo
Algo bello nos unió.

O fue la mano de Dios
A través de una mirada
De una madre que añoraba
Vernos unidos a los dos.

Y por eso pienso yo
Que llegó nuestro momento
De ser feliz para siempre
Como soñamos los dos.

Y caminar de la mano
Por el hermoso sendero
Que al fin nos conducirá
A nuestro Amor Verdadero.

Se me fue tu amor

Que mentira fue tu amor
duró el tiempo que dura una flor
así como a ella se le fue su olor,
belleza y color
así tan sencillo, se me fue tu amor.

Y yo lo comprendo
porque era tan dulce, tan bello,
tan tierno.

Que yo no creía, que fuera tan cierto
los momentos gratos
los dulces encuentros.

Los besos a oscuras, pero
con pasión.

Los suspiros hondos
de mi Corazón.

Así tan sencillo, como ese suspiro
se me fue tu amor.

La distancia

La distancia no ha podido
separarnos ni un momento.

Porque de día y de noche
estás en mi pensamiento.

Apenas son unos días
pero, parecieran años
pues yo te estoy añorando
como un tesoro querido
porque sé que en tu bohío
tú me estarás extrañando.

Y yo seguiré contando
los días de tu llegada
con tantas ansias esperada
para reunirme contigo.

Pues necesito tu abrigo
y el calor de tu mirada.

Porque las horas pasadas
que he compartido contigo
y solo Dios fue testigo
de lo que estaba pasando.

Y por eso en tu bohío
tú me estarás extrañando.

Llévame en tu pensamiento

Llévame en tu pensamiento
como un tesoro escondido.

Y así encontrarás el nido
que te espera, a tu regreso.
Que con caricias y besos
te quisiera recibir.

Para así poder vivir
este amor que es todo nuestro.

Con el tiempo y la distancia
se va haciendo más eterno
y el corazón llora y sangra
de tanto amar en silencio.

Ven recoge los pedazos
de este corazón enfermo.

Que solo con tu cariño
encontrará la sanación.

Vuelve pronto por favor
para vivir el momento
porque solo con tu encuentro
ya renace nuestro amor.

Perdón

Perdóname mi amor
porque tus bellos ojos
me miran con rencor
si cometí un error
que yo debo pagar
o te deje una herida
que tienes que sanar,
perdóname mi amor
no volverá a pasar.

No fue esa mi intención
herir tu corazón
tan lleno de bondad.

Y yo no tendré paz
si cambias para siempre
y ya no te arrepientes
ni miras para atrás.

Y aunque yo te lo pida
no me perdonarás.

La noche y yo

Una noche triste, me sentía sola
aún entre la gente.

Miré a la ventana con melancolía
y fue la negra noche
mi gran compañía.

Afuera llovía
no habían estrellas
solo miles luces
que sobre la acera
brillaban tan fuertes
como lentejuelas.

La acera mojada
así reflejaba
caminos dorados
como callejuelas.

Y aunque era lluviosa
la noche era bella.

Y yo en la ventana
triste todavía
admiraba todo lo que descubría.

Nadie lo creyera
que aunque hubieran
luces, gente y alegría.

Fue la negra noche
mi gran compañía.

Te espero

No importa la noche
no importa que día
yo sé que te espero
en mis noches frías.

Frías sin caricias
frías sin calor
yo sola en mi lecho
añorando tu amor.

Amor que solo tu
despiertas en mi
por eso yo espero
que vengas a mí.

Que llenes de besos
mis noches vacías.

Tú con tu alegría
Que todo lo llenas.

Haces que me sienta
parte de tu vida.

Y yo en mi delirio
no puedo creer
que somos dos almas
en un solo ser.

Y luego las luces
del amanecer,
hacen que te alejes
te vuelvo a perder.

Y sigo soñando
volverte a tener.

No importa la hora
No importa que día
Yo sé que te espero
En mis noches frías.

¿Qué yo no te di?

Te fuiste a otros brazos
Huyendo de mí.

Que buscas en ellos,
que yo no te di.

Si yo te di todo
amor, juventud
y ahora te alejas
dejando inquietud.

Dejando desdicha,
tristeza, dolor.

Dejando que sangre
mas mi corazón.

Dejando ternura,
cariño, lealtad.

Todo eso que ella
Jamás te dará.

Pero vendrá el día
que pienses en mí.

Con nostalgia, acaso
o con indiferencia
y despierte entonces
tu propia conciencia.

Y al lado de ella
dirás, para ti
lo he perdido todo
todo lo perdí.

Y yo aquí lejana
me pregunto así.

¿Que te ha dado ella
que yo no te di?

Te extraño

Si pudieras ver en mi corazón
sabrías que te amo
que ardo de pasión.

Sabrías que te extraño
que ansío el regreso.

Que estés junto a mi
siquiera un momento.

Como te extraño
Como te pienso
Te sueño en mis noches
te pienso en mis días
Y al decir tu nombre,
lloro de alegría.

Aunque sea corto
o aunque no haya tiempo.

Poder infundirte
esto que yo siento.

Bastará un minuto
para yo saber
que sigo en tu mente
y que ardo en tu piel.

Nuestro amor prohibido

Amor que tu sientes
y el que siento yo.

Amor que es sublime,
eterno y muy suave
y a la vez salvaje, lleno de furor.

Amor que se extiende,
se agita y se ensancha
y que todo lo abarca
a su alrededor.

Pero es un amor triste
un poco cohibido.

Que quiero gritarlo
pero no he podido.

Por ser este nuestro (amor prohibido).

Desengaño o realidad

Durante mucho tiempo viví, mi vida hermosa.
Eso que todos llaman, color de rosa.

Pequeños sinsabores, etapas superadas.

Y para mí la vida, seguía siendo rosada.

Y me sentía feliz, dichosa de la vida.

Yo todo lo tenía, aún sin merecer.

Pero un día sin querer, me di cuenta de todo.

La vida no era rosa, sino de otro modo.

Al fin cayó la venda
que cubría mis ojos
y vi solo despojos
de lo que yo creía era felicidad "lo rosa de la vida".

Y me pregunto ahora
viví una vida errada
una falsa felicidad.

Y hoy al fin comprendo
mi triste realidad.

Que no tenía nada
que todo era mentira.

No era dueña de nada
ni de mi propia vida.

Y ahora que me espera
solo una honda pena,
que no se si algún día
lograré superar.

Una noche

Una noche me pediste
y yo te la regalé.

Acaso estuvo tan buena
que la pides otra vez.

Ve con calma, ve de espacio
no con precipitación
y puede que con más suerte
se repita la ocasión.

Que si esta se repite
te aseguro corazón
que terminas en mis brazos
bien rendido de pasión.

Pero si así tú lo quieres
o lo queremos los dos
pues sigamos adelante
y que lo decida Dios.

¿Por qué ahora?

¿Por qué ahora?
cuando ya yo no tengo
nada para ofrecerte.

Cuando en mi seco vientre
no brota ya una flor.

¿Por qué ahora?
Cuando ya no florecen
mis quince primaveras.

Y no puedo ofrecerte
mi juventud en flor.

Cuando la piel no es tersa
y la mirada no brilla
y el cuerpo está cansado
de tanto padecer.

Pues el paso del tiempo
dejó su huella en él.

Porque en este momento
de un otoño sombrío
cuando ya solo vivo
para mi soledad.

Porque llegaste tarde
mi dulce sueño mío
porque solo fue sueño
y nunca realidad.

Solo tú

Solo tú sabes lo que encierra mi alma
Solo tú descubriste lo grande de mi amor
Solo tú me despejas el camino de espinas
Y brindas a mi vida una nueva ilusión.

Solo tú has logrado que yo me entregue toda
Con esa pasión loca que encierra nuestro amor
Solo tú le das vida, a mis horas vacías
Y llenas de alegría mi triste corazón.

Solo tú con ternura, comprensión y paciencia
Has logrado que yo entienda lo bello del amor
Solo tú eres el que sacia mis ansias escondidas
Y muestras cada día lo grande de tu amor.

Ya no tengo temor, ni angustia, ni sosiego
Pues me miro al espejo de tu gran corazón
Y abrazada a tu pecho rodeada por tus brazos
Me siento más segura, porque son mi protección
Solo tú has logrado lo grande de mi amor.

Miedo

Los dos nos queremos
los dos lo sabemos
y los dos vivimos
con el mismo miedo.

Miedo de sufrir
miedo de fracasar
miedo de empezar una relación
aunque lo deseamos
con el mismo ardor.

Miedo de no herirte
o que me hieras tú
por eso sentimos
la misma inquietud.

Yo sé que te pienso
Y que me piensas tú
Yo sé que te sueño
Y que me sueñas tú
Yo sé que te amo
Y que me amas tú.

Pero no podemos con esta inquietud.

Y nos entregamos y fuimos sinceros
y al dejar tu lecho, yo me desespero
y me necesitas y me llamas tú,
pero no podemos con esta inquietud.

Quiera Dios que algún día
venzamos el miedo que yo siento ahora
y el que sientes tú
y así terminemos con esta inquietud.

Por tu indecisión

Sé que te he perdido
aún sin yo quererlo.

Pues sigues en mi alma
como el primer día.

Calando muy fuerte
casi hasta doler.

Y sé que te amo
mucho más que ayer.

Fue tu cobardía, tu absurdo rencor
lo que terminó, con tan dulce amor.

No hubo desprecios, ni culpas, ni ofensas
solo en tu conciencia se sembró el temor.

Temor de enfrentarse a las cosas serias
Y de decidir una relación.

Temor de cumplir, lo que me decías
porque no sabías lo que era el amor.

Y yo estaba ciega, porque te adoraba
y no veía más nada que no fuera amor.

Pero fui una ilusa, porque he comprendido
que tu no sentías, lo mismo que yo.

Que no me quisiste, que solo mentías
porque no querías saber del amor.

Amor que fue solo mío
y ese fue mi error.

Tu silencio

Porque no eres sincero
y abres tu corazón.

Y dices lo que sientes
aunque al hacerlo, hieras.

Pero rompes barreras
que hay entre tú y yo.

Porque no me demuestras
que sabes de la vida.

Porque con tu experiencia
eres mejor que yo.

Porque nunca me dices
te quiero amada mía
y llenas de alegría
mi triste corazón.

Porque si pasa el tiempo
y así pasa la vida
a veces pareciera que
no nos conocemos.

Porque tú sientes miedo
de expresarme tu amor.

Un amor que es entrega
y a la vez es pecado
pero cuando se ama
ya nada es demasiado.

Y sé que tú me quieres,
pero no me lo dices
y no somos felices
por esta indecisión.

Libera esas cadenas
que atan a tu vida
a un pasado sombrío
para que brille el sol
y llenes de alegría
tu corazón y el mío.

Y ya por fin comprendas
lo grande de mi amor.

Tristeza

El día está muy triste
como lo está mi alma
está lloviendo quedo
como si sollozara.

Mientras mi alma llora
y no encuentro la calma.

Es una pena honda
como si desgarrara
algo se está rompiendo
aquí dentro de mí.

Todo lo veo oscuro, triste
así como está el día
nublado todavía.

Pero vendrá un nuevo día
quizás lleno de sol
de brillo y alegría
y mi sufrimiento acabe
así como la lluvia
y brille una esperanza
que calme mi dolor.

La separación

Se ha roto el lazo
que ayer nos unió
quien fue el que falló
no sabría decir.

Quizás mi abandono
o tu indiferencia
acaso el destino
o la providencia.

O fue una imprudencia
la que cometimos
pero no pudimos
ya volver atrás.

Quizás no era amor
quizás fue costumbre
o la incertidumbre
de ya no saber
si era el deber
lo que nos unió.

Pero así es la vida
no puedes prever
cuando el amor llega
o cuando has de perder.

Y sigue la vida
nosotros con ella
aunque pareciera
que nada es igual
caemos al abismo
y nos levantamos
pero no sabremos
que fue lo peor
el orgullo herido
o la vil traición
la ilusión perdida
o el grande dolor
que nos arrastró
a la separación.

Sin saber por qué

Todavía, no sé él porque te fuiste
pienso todo el día
y me pregunto así
si te habré ofendido
si fue mía la culpa
de que te marcharas
sin decir por qué.

No encuentro respuesta
a tantas preguntas
pero si sé que apenas
contengo mi llanto.

Y es que te amo tanto
que apenas yo puedo
vivir sin tu amor.

Han pasado días, tristes y sombríos
lluviosos y negros
como mi pesar.

Pensar que la lluvia
era nuestro anhelo
pero ahora no quiero
mirarla siquiera.

Pues me encuentro sola,
sola sin tu amor.

Espero que un día
tu vuelvas a mi
no habrá ni un reproche
ni llanto, ni pena
solo tu presencia
llenará mi vida
y sabré que volviste
que no te perdí.

Al malvado aquel

Todavía recuerdo
al malvado aquel
que anuló mi vida
 capturó mi ser.

Dejé de ser mía
para ser de él.

Y de que valió
él me traicionó
destrozó mi fe.

Ya yo no podía confiar en él
y así se rompió el amor aquel.

Aquello bonito que un día nació
y que con su ausencia
todo se acabó.

Al pasar los años, todavía me busca
Mas no con amor, sino con angustia
Angustia de culpa, de remordimientos
Pues él sí sabía que en todo momento
Yo sí le fui fiel.
Y a pesar de todo
y a pesar de él
 seguirá en su mente
el recuerdo aquel.

Que yo le di todo
que yo le fui fiel.

Y pasará el tiempo
y aún en su agonía
sufriendo en silencio
solo y sin amor
llorará su pena
pagará su error
y así sentirá
lo que yo sentía
cuando le era fiel
porque le quería.

Esta tristeza mía (la tristeza yo)

La que siento aquí en mi alma
la que no encuentra la calma
y la que solo yo entiendo.

He tenido alegrías, triunfos y fracasos
he encaminado mis pasos
rodeada de mucha gente.

Pero cuando están ausentes
me embarga mi gran tristeza.

Aquí yo siento un vacío
que no lo ha llenado nadie.

A veces yo me pregunto
si paso por esta vida por pasar
sin dejar ninguna huella
que alguien pueda recordar.

Yo sé que he querido y ayudado
a mucha gente, que he brindado
mi amistad leal y sinceramente.

Pero no me han comprendido
y solo a mí me han usado
y los años que han pasado
tan solo me han hecho ver
que me embargo sin querer
tan solo mi gran tristeza.

Que yo siento que me aprieta
Mi alma y mi pecho entero
y es tan grande mi sosiego
y el temor de quedar sola
 es por eso que aquí, ahora
Me embarga mi gran tristeza.

Tu adiós

Fue aquella noche de Agosto
cuando sin saber porqué
decías que te humillé
y te inventaste un rechazo.

Que solo en tu mente había
pues ni yo misma sabía
lo que te estaba pasando.

Solo sé que te pedía
que me dieras compañía
que estuvieras a mi lado
que compartieras conmigo
lo poco que te pedía.

No pensé que estallarías
y que con una rabia muda
de mi te separarías.

Pero pasaron los días,
los meses, y ya los años.
Y aunque yo te sigo amando
mucho más que el primer día
sé muy bien que algún día
me dolerá menos fuerte
y así deje de quererte.

Pero sigue aquí presente
la noche del mes aquel
que sin saber el porqué
de mi lado tú te fuiste.

Y ya nunca más quisiste
pensar ni saber de mí.

Solo queda aquí en mi mente
aquella frase tan dura
que aún taladra mi mente
que se cerró el sentimiento
que tú sentías por mí.

Y que yo fuera feliz
como burla del destino
con esas simples palabras
te despediste de mí.

Y ni siquiera te vi
pues fueron letras escritas.

Como quien huye de sí
y yo me pregunto así
quien ofendió, o quien rechazó
a quien.

Solo fueron tus excusas
para librarte de mí.

Y si lo pensaste así
porque no me preparaste
para tan grande desastre
el que provocaste en mí.

Y que todavía no comprendo
porque aquella fatídica noche
tú te alejaste de mí.

Lo que yo aprendí de ti

Fueron pasando los años
y a pesar de que existía
en mi mente no cabía
la idea de conocerte.

Eras ajeno a mi vida
y yo también a la tuya
dos caminos diferentes.

Ha pasado medio siglo
la mitad de una vida
en la que yo me creía
que lo había vivido todo.

Estabas callado y solo
como viviendo un pesar
y yo pase por azar
muy cerquita de tu lado.

Fue el destino o no sé que
que nos pusimos a hablar
y quien lo iba a imaginar
que la amistad se inició.

Y luego al llamarte yo
me contaste tu penar
el que nos iba a juntar
aún sin saberlo los dos.

Y me empezaste a querer
yo diría que adorar
y yo me dejé llevar
y hoy te estoy queriendo yo
y me enseñaste a querer
y también a confiar.

Me empezaste a valorar
como si fuera un tesoro
y es por eso que te adoro
por tu manera de actuar.

Y me empezaste a brindar
tu ternura y tu bondad
y conservando esa paz
que nada te la perturba.

Me enseñaste con paciencia
a caminar por la vida,
a que yo no este cohibida
frente a ti, ni ante la gente.

Y he aprendido a ser valiente
a enfrentarme al mundo entero
y es por eso que te quiero.

Por lo que puedo decir
que lo mejor de la vida
ha sido, lo que yo aprendí de ti.

Sentimientos

Fracaso de mujer
(la maestra frustrada)

Quería ser maestra
ser alguien en la vida
pero la timidez fue tanta
y la voluntad muy poca.

Y seguiré soñando
estando bien despierta
y ver cerrar las puertas
que se abrieron un día
Y que no pude entrar
porque no me atrevía.

Yo sé que nunca es tarde
pero no tengo fuerzas
porque he luchado tanto
y no obtengo recompensa.

Aún sigo soñando
y la vida sigue andando
y pienso con tristeza
que he hecho de mi vida.

Mirar como otros triunfan
y yo me quedo a un lado
y aún con la esperanza
de ser alguien un día
aunque ese día llegue
y ya no me quede vida.

Y seguiré soñando
aunque no llegue a nada
total a quien le importa
soñar no cuesta nada.

Hermano querido

Hoy se cumple un año
de aquel triste día
que partiste hermano
a la lejanía.

Ha pasado un año
y no puedo creer
que te fuiste lejos
para no volver.

Que falta me haces
hermano querido
Sé que si estuvieras
estarías conmigo
brindándome apoyo
velando por mi
sé que si estuvieras
yo sería feliz.

Que poco te tuve
no fuiste feliz
por eso el Señor
te alejó de aquí.

Estés donde estés
y aunque pase el tiempo
yo aún te recuerdo
con mucho cariño
pidiéndole al cielo
que vele por ti
que te de esa paz
que tú no tenías
y ni en tu agonía
me tuviste allí
y aunque yo te extrañé
Dios lo quiso así.

La soledad

La que siempre me acompaña
y yo me he adaptado a ella
y mira que renegaba
y temía conocerla.

Pero ella, ya me seguía
me velaba, me asechaba
y mira que no quería
pensar ni un momento en ella.

Yo llenaba mis vacíos
de una y de mil maneras
buscando siempre el momento
de no encontrarme con ella.

Y la soledad seguía mis pasos
también seguía mis huellas
y yo luchando incansable
de no encontrarme con ella.

Pero ella era más fuerte
y al fin me atrapó en sus redes
y aprendí a vivir con ella.

Ya ha pasado tanto tiempo
y la que creí que era
mi enemiga, hoy me enseña.

Que la soledad no es mala
se puede vivir con ella
y que ésta puede ser
también una compañera.

Mis nietos

No son hijos propios
pero si del Corazón
te brindan un gran amor
de abrazos y besos tiernos
que no puedo describir
tan agradable emoción.

Te llenan el Corazón
con sus caricias sinceras
y sus caritas se llenan
de risas y resplandor.

Son el más grande Tesoro
que mis hijos pueden darme
porque es un amor tan grande
que no puede compararse
con ninguno en este mundo.

Cuando me dicen te quiero
o yo te amo, abuelita
hacen que yo me derrita
y yo me siento orgullosa
de ser su abuela amorosa.

Y aunque crecen cada día
y ya piensan diferente
les doy un beso en la frente
como cuando eran pequeños.

Los recuerdo con cariño
porque para mí
nunca dejan de ser niños. (grandma – abuela)

Sueño realizado

Ya mis pasos se acercan
a la meta soñada
a mis sueños de antaño
que deje abandonados
en mi largo camino.

Han pasado los años
y los sueños conmigo
y todavía abrigo
la esperanza de ser
lo que siempre he querido
enseñar a los niños
a aprender y a crecer.

A que cumplan sus metas
por ellos y por su bien.

Deben ser dirigidos
con consejos y apoyo
con cariño y decoro
como hicieron conmigo.

Y saber que el estudio
viaja siempre con uno.

Pues es la mejor herencia
que deseo ser alguno.

Al realizar mi sueño
ya puedo comprender
que el éxito obtenido
no era para mí
sino para mis
niños tan queridos.

Cuando yo ya no esté

Cuando yo haya marchado
para siempre
si acaso, algún recuerdo pasara
por tu mente.

Sabrás que solo tú,
Bebiste de mis mieles.

Y yo amado mío, te quisiera decir
que me hiciste dichosa
que a tu lado fui feliz
que aunque me haya marchado
yo no lo decidí.

Fue cosa del destino
y Dios lo quiso así.

Dolor de una Madre

Era una noche de Abril,
un sueño reparador.

Cuando vino un inspector
a mi sueño interrumpir.

Yo no supe que sentí
angustia, desilusión
o una fuerte impresión
que no me deja vivir.

Luego fueron días de penas,
de pesadilla y terror
pagando por un error
que yo nunca cometí.

Pero fue uno de los míos
ha cometido un error
y yo creo es mi deber
y siento aquí en mi interior
debo pagarlo con él.

Pues no sé si fue dolor
ignorancia o no sé que
pero empiezo a comprender
que quizás, toda la culpa
no haya sido sola de él.

Siento que no le brinde
el amor que el merecía
y ahora vivo la agonía
de estar alejada de él.

Allá el paga su pena
y aquí yo pago la mía,
pero espero que algún día
Dios lo sepa comprender
y me acerque más a él
con cariño y humildad
y así yo encuentre la paz
y él, el camino del bien.

Porque aunque no lo sepa él
le deseo lo mejor
y lo mejor es amor
Amor de Madre, hacia un hijo
un hijo del corazón.

Que aunque tenga o no razón
yo estaré siempre con él.

El trago ha sido muy duro
pero aprendí la lección
y pagaré con dolor
si esto o más yo merezco.

Porque sé que tu Señor,
siempre has sido justo y recto
y si así tú lo has dispuesto
quién soy yo para opinar.

Si tú nos das, solo la carga
la que podemos llevar.

Porque unos si y otros no
si tú nos hiciste
a todos por igual.

Pero yo espero el final
espero el largo camino
que tender que recorrer
porque tú serás mi juez
y yo seré tu verdugo
y a la larga yo sabré
si hay en el mundo justicia
o si reina la avaricia
de poder unos con otros
o sobreviven los pocos
que creemos en ti, Señor
y que a fuerza de dolor
sabemos de tu grandeza.

Dios

Siempre estás en mi pensamiento. Sé que eres primero, sobre todas las cosas. Yo sé que tú no castigas, sino que diriges los caminos que debemos seguir.

En la vida no todo es felicidad y alegría, también hay penas y sufrimientos. Porque si estos no existieran, no podríamos aprender a ser mejores seres humanos.

Pienso que lo principal es la familia, el poder mantenerse unidos a pesar de tantos problemas y obstáculos que se nos presentan. Por eso he llegado a ser una persona fuerte, para poder sobrevivir. Aunque no te visito muy a menudo en la iglesia, siempre te doy las gracias por lo bueno y por lo malo. Porque pienso que si todavía estoy en este mundo es porque me estás brindando una oportunidad.

Sé que tú nunca nos abandonas y que para todo hay solución. Confío que todo lo bueno que le he enseñado a mis hijos no haya sido en vano. Ayúdame en mis momentos difíciles, igual a mis hijos, guíalos por el buen camino y has que sean personas de bien, sin hacerle daño a nadie.

Ayuda a mis hijos en sus necesidades y problemas, e ilumínales sus mentes para que puedan aclarar sus dudas. Y puedan apreciar las cosas buenas de la vida tales como el aire, el sol, la lluvia la naturaleza y la libertad. Esas cosas necesarias para vivir y que no cuestan nada.

No pienses Señor que solo te busco en mis malos momentos, sé que no te brindo el tiempo necesario que tú te mereces, pero la fe y la esperanza nunca la he perdido porque tú Señor, siempre estás conmigo.

La que siempre te ruego, te suplico y te imploro que nos ayudes y te doy las gracias humildemente.

Tu hija,
Magdalena